Ernst Ferstl

WAHRNEHMUNGEN

Aphorismen

© 2022 Ernst Ferstl

Herstellung und Verlag: BoD – Books on Demand,

                            Norderstedt, 2022

ISBN: 9783756238156

Copyright Aphorismen: Ernst Ferstl

                            www.gedanken.at

Layout: Angelika Ferstl

Jeder Tag hat Augenblicke,
die ihn wertvoll machen.

Eine Frage, die man sich
gelegentlich stellen sollte:
Wie geht es mir mit mir?

Wer allen gefallen will,
lässt sich viel zu viel
gefallen.

Anderen ein Lächeln
zu schenken,
ist ein Geschenk,
das fast immer ankommt –
und zurückkommt.

Leise Menschen

sind hellhöriger,

laute schwerhöriger.

Bereits die Einstellung,

sich weniger Sorgen zu machen,

kann für mehr Freude

im Leben sorgen.

Pessimisten sind enttäuscht,

wenn nicht alles so kommt,

wie sie es befürchtet haben.

Freiheit heißt nicht,

dass wir uns alle Freiheiten

einfach nehmen können.

☙

Das Lieblingstier

der Schwarz-Weiß-Denker:

das Zebra.

☙

Wenn man seine guten

Vorsätze hoch genug hält,

kann man bequem

unten durchschlüpfen.

☙

Was man nicht

übers Herz bringt,

sollte man lieber sein lassen.

Ungelegte Eier

sind unzerbrechlich.

Manchmal ist das,

was man nicht tut,

das Beste, was man tun kann.

Solange man etwas

vor sich herschiebt,

kann man es nicht

hinter sich bringen.

Was sich manche Leute leisten,

geht auf keine Kuhhaut -

die sollten sich einen Elefanten

leisten.

Das Hinhören

ist mehr als ein Zuhören.

Wir sollten mehr

aufeinander zugehen

und weniger

aufeinander losgehen.

Es gibt Ziele,

die warten darauf,

dass wir den Weg

zu ihnen finden.

Jammerschade,

dass die Herzensbildung

nicht zur Allgemeinbildung gehört.

Wer den Baum der Erkenntnis
finden will,
sollte in Mischwäldern suchen.

Auch bei der Herzensbildung
lernt man nie aus.

Manchen Leuten kann man
gar nicht ins Gewissen reden -
sie haben keines.

Wenn der Klimaschutz weiterhin
so den Bach hinunter geht,
kommen wir alle
über kurz oder lang
ins Schwimmen.

Egal,

wie kostbar eine Uhr ist,

die Zeit ist kostbarer.

✂

Für unsere Gefühle

gibt es keinen Radiergummi.

✂

Wer vergeben kann,

kann sich einige Abrechnungen

sparen.

✂

Auf dem Weg des

geringsten Widerstandes

hat die Geradlinigkeit

immer Nachrang.

Wer auf Händen

getragen werden will, sollte

auch auf sein Gewicht achten.

☙

Das Problem,

nicht loslassen zu können,

lässt sich nicht einmal

mit viel Lösegeld lösen.

☙

Wer immer auf dem Laufenden

sein will, hat keine Zeit,

in sich zu gehen.

☙

Ausgerechnet Leute mit einem

leeren Kopf, nehmen den Mund

oft viel zu voll.

Wer uns auf einmal
in den Himmel lobt,
will uns höchstwahrscheinlich
nur schnell loswerden.

Wer hinter dem Mond lebt,
ist vor der Sonne geschützt.

Wenn wir unsere Gewohnheiten
nicht erziehen,
dürfen wir uns nicht wundern,
wenn sie uns
über den Kopf wachsen.

Was üblich ist,
muss nicht logisch sein.

Bei manchen Leuten
ist nicht einmal die
Schokoladenseite genießbar.

Bei gemischten Gefühlen
kommt es auf die Mischung an,
ob sie sich gut anfühlen
oder nicht.

Der Schnee von heute
ist viel interessanter
als der von gestern.

Für das Wesentliche und Wichtige
bleibt heutzutage vielfach
nur noch am Rande Platz.

Wer nicht gut

auf sich zu sprechen ist,

sollte Selbstgespräche meiden.

Menschen, auf die wir stehen

und die zu uns stehen,

dürfen uns am Herzen liegen.

Sie sind dort bestens aufgehoben.

Manche Leute

mit einem Heiligenschein

sind leuchtende Beispiele

für Scheinheiligkeit.

Wer sich überschätzt,

wirkt oft überheblich.

Langeweile

dehnt die Zeit.

✑

Aufgeweckten Menschen

gelingt es leichter,

ein traumhaft schönes Leben

zu führen.

✑

Die nichts zu sagen haben,

muss man nicht ausreden lassen.

✑

Wo keine Menschlichkeit

zu finden ist,

ist der Mensch verloren.

Wie wir über einen Mitmenschen
denken, so sehen wir ihn auch.

Im Kreis zu gehen
ist keine gute Übung,
um im Leben besser
über die Runden zu kommen.

Auf der schiefen Bahn
geht es schneller bergab.

Einen alten Unsinn
durch einen neuen zu ersetzen,
ist ein sinnloser Fortschritt.

Wie es gute und schlechte

Wege gibt,

gibt es auch gute

und schlechte Ziele.

Menschen, von denen man

wertgeschätzt wird,

sollten wir zu schätzen wissen.

Auch ein schweres und hartes

Leben kann glücklich sein.

Die Aussichten verschlechtern

sich schlagartig, sobald wir

weg vom Fenster sind.

Wer seinen Mund

nicht halten kann,

kann auch sein Wort

nicht halten.

&

Was in einem Menschen steckt,

ist nicht auf den ersten Blick

zu erkennen.

&

Wir sollten uns gedanklich

nicht mehr aufhalsen,

als unser Kopf aushält.

&

Überflüssiges kostet immer

viel zu viel.

Glücksgefühle

brauchen einen Auslöser.

Wenn jeder zu einer Sache

seinen Senf dazugibt,

wird sie ungenießbar.

Begeisterung sollte nie

zu einer Besessenheit

ausarten.

Man kann kein Gespräch führen,

wenn man sich

nichts zu sagen hat.

Wer auf der Strecke bleibt,

verläuft sich wenigstens nicht.

Nächstenliebe heißt auch,

für Menschen da zu sein,

die man nicht liebt.

Ein gebrochenes Wort

zeigt auch, dass es nicht

viel wert war.

Die Worte mancher Leute

sind so glatt,

dass ein Ausrutscher

nur eine Frage der Zeit ist.

Wer immer

mit der Zeit gehen will,

muss immer

nach der Uhr leben.

☙

Wer weiß, was er übersehen darf,

gewinnt an Weit- und Übersicht.

☙

Den Glauben, dass man im Leben

nichts geschenkt bekommt,

kann man sich getrost

schenken.

☙

Traumhaft: Träumen ist etwas,

was fast alle

im Schlaf beherrschen.

Steht einem Menschen
etwas ins Gesicht geschrieben,
sollten wir das unbedingt
lesen.

✌

Wahrheiten sind selten rund,
oft sind sie eckig oder krumm.

✌

In unserer oberflächlichen Welt
haben es Gedanken mit Tiefgang
besonders schwer,
an die Oberfläche zu kommen.

✌

Der Verdacht, dass Menschen
ohne Hirn auch kein Herz haben,
bestätigt sich immer wieder.

Wer zu schnell und leicht

nachgibt,

hat oft das Nachsehen.

🐌

Dass das Einfache leicht ist,

ist zu einfach gedacht.

🐌

Die sich

keine Zeit für uns nehmen,

verdienen unsere Zeit auch nicht.

🐌

Wer sich

mit etwas zufrieden gibt,

ist oft gar nicht zufrieden damit.

Begeisterung ist

eine äußerst ergiebige

Energiequelle.

Gelegentlich sieht man den Weg

vor lauter Steinen nicht.

Wer zu viel

auf seine Kappe nimmt,

muss mit Kopfschmerzen rechnen.

Wer das Sagen hat,

kommt immer

zu Wort.

Auch Lichtgestalten
werfen einen Schatten.

❧

Unsere Freude am Leben
steht und fällt damit,
was uns liegt
und worauf wir stehen.

❧

Wer eine lange Leitung hat,
hat oft einen langen Weg
vor sich.

❧

Auch kurze Gespräche
können sich in die Länge ziehen.

Die Lüge kennt die Wahrheit
besser als die Wahrheit die Lüge.

Für manche Leute
ist die Stille
nichts anderes als eine
unerwünschte Ruhestörung.

Wer eine Zeitlang in sich geht,
kommt nachher besser
mit sich aus.

Der Stillstand
ist besser als sein Ruf.

Wenn der Hass in Fahrt kommt,

ist ein Bremsversagen

vorhersehbar.

ଛ

Selbstverwirklichung gelingt nur,

wenn man mit sich

im Reinen ist.

ଛ

Dass die Natur im Grunde

genommen unmenschlich ist,

liegt in der Natur der Sache.

ଛ

Die Gewohnheit, immer dieselben

Fehler zu machen, sollten wir uns

möglichst schnell abgewöhnen.

Der Dummheit ist es egal,
ob sie verstanden wird
oder nicht.

Wer nur auf den Weg schaut,
kann sein Ziel
aus den Augen verlieren.

Halbbildung gibt sich
mit Halbwahrheiten
ganz zufrieden.

Ein schlechtes Gewissen
kann mitunter
ein guter Ratgeber sein.

Wer guten Mutes ist,

ist auf einem guten Weg.

Fürs Denken braucht man

mehr Hirn als fürs Reden.

Wer nie über den Tellerrand

hinausschaut,

hält die Welt

für eine Suppenschüssel.

Große Persönlichkeiten

können

Kleinigkeiten kleinhalten.

Wirklich glücklich ist erst,

wer dankbar dafür ist.

Die drei Weltmächte:

die Liebe, das Geld -

und die Gewohnheit.

Nicht alles,

was fragwürdig ist,

ist einer Frage würdig.

Was uns bis in den Schlaf verfolgt,

ist beim Aufwachen

nicht einfach weg.

Jenen, die uns viel geben,

sollten wir

nicht zu viel abverlangen.

Wer nicht alles mitbekommt,

hat weniger Ängste.

Natürlich kann man über

die Dummheit lachen,

aber im Grunde genommen

ist sie etwas Trauriges.

Geistige Wiederkäuer

sind Allesfresser.

Wer uns

eine Grube graben will,

gehört

auf die Schaufel genommen.

✎

Glaube erlaubt Zweifel,

aber keine Verzweiflung.

✎

Bestandsaufnahme:

Der Schwachsinn

ist stark verbreitet.

✎

Manche werden

nicht einmal mit Maske

ihr Gesicht los.

Was man sich denken kann,

muss man nicht sagen.

☙

Wer sich gerne treiben lässt,

schwimmt ungern

gegen den Strom.

☙

Dass auch böse Menschen

an das Gute

im Menschen glauben,

bedeutet meistens nichts Gutes.

☙

Wenn jeder Mensch

gleich wäre,

wäre uns jeder Mensch

gleichgültig.

Weitsichtige Menschen tun sich
beim Nachsicht Üben leichter.

Was wir uns einreden,
kann uns jemand ausreden,
was wir uns einbilden, nicht.

Wenn man auf
einen Menschen fliegt,
sollte man sich
darüber im Klaren sein,
wie weit man zu gehen bereit ist.

Wo man nicht gut ankommt,
kommt man meistens
auch nicht gut weg.

Die Eigenliebe ist

ein guter Schutz

gegen den Selbsthass.

Jeder Mensch

ist eine Welt für sich.

Wer alles aussitzen will,

muss zu allem stehen,

auch wenn es ihm nicht liegt.

Wer jemand ausrichtet,

weiß nie so genau,

was er damit anrichtet.

Was man sich denken kann,

muss man nicht wissen.

Herzliche Begegnungen

hinterlassen

einen wunderschönen

Nachklang im Herzen.

Wer ein Urvertrauen hat,

kann leichter loslassen.

Auf der Verliererstraße

gibt es keinerlei

Geschwindigkeitsbeschränkungen.

Wer das Sagen hat,

lässt sich nicht gern

etwas sagen.

Wer bei einem Menschen

lange keine Nähe findet,

sucht irgendwann das Weite.

Menschen, mit denen man

nie gelacht hat,

muss man nicht nachweinen.

Das Unglück ist vom Glück

oft nur einen Steinwurf weit

entfernt.

Sterne können uns

ein wenig Licht geben,

aber keine Wärme.

✌

Heutzutage

führen alle Wege

zu einer Autobahn.

✌

Halbwahrheiten

sind mindestens zur Hälfte

unwahr.

✌

Nichts zu sagen

ist besser als

eine nichtssagende Rede.

Wer seine Nase höher trägt

als das Hirn,

ist schnell unten durch.

Aus Niederlagen kann man

mehr lernen als aus Siegen.

Es ist fürchterlich ärgerlich,

wenn man sich umsonst

ärgert.

Läuft etwas schief,

geht man gern

auf andere los.

Es ist besser,

einen Vogel im Kopf zu haben

als ein Brett vor dem Kopf.

Gefühle lassen sich nicht

auf Vorrat anlegen.

Gute Verlierer sammeln

wenigstens Pluspunkte.

Wer einem Menschen

alles glaubt,

hat nur

gelegentlich Recht.

Die gleichmäßige Verteilung

der Dummheit auf alle Länder

der Welt nennt man

Globalisierung,

oder?

⸭

Menschen

mit einem großen Heiligenschein

sollte man ausleuchten.

⸭

Wer zu seinem Wort stehen will,

darf sich nicht gehen lassen.

⸭

Unterdrückte Tränen

fließen unterirdisch.

Auch geistvolle Lichtgestalten

werden ihren Schatten

nicht los.

⊱

In vertrauten Gesichtern

kann man besser lesen

als in anderen.

⊱

Wer nicht weiß,

was er sucht,

wird mit dem Suchen

nie fertig.

⊱

Wer geistig langsamer ist,

hat oft eine lange Leitung.

Einschnappen

ist weniger gefährlich

als Ausrasten.

Wer weiß, was er will,

weiß auch,

auf was er zu verzichten

bereit ist.

Gerade wenig Denkende

tun sich mit anders Denkenden

besonders schwer.

Was man gern hört,

darüber redet man

auch gern.

Wenn einem der Kragen platzt,

darf man ruhig

sein Maul aufreißen.

Je runder alles läuft,

desto weniger

eckt man an.

Wenn man dahinterkommt,

was andere vortäuschen,

kann man sich gut

dagegen wehren.

Wer sich selbst im Griff hat,

gerät nicht unter die Räder.

Nicht nur im Winter:

den Schnee von gestern

hinter sich lassen.

Wer sich unverstanden fühlt,

sollte ruhig ein paar Worte

darüber verlieren.

Die Vielseitigkeit

bringt uns viel weiter

als die Gleichartigkeit.

Böse Menschen

zeigen sich gerne

von ihrer Bestienseite.

Unser Denken,

Fühlen und Leben

gehören zusammen.

Eine große Freude

ist nur ganz,

wenn sie mit wem geteilt

werden kann.

Wenn ich merke,

dass ich nicht Recht habe,

sage ich lieber nichts.

Die Vorfreude ist oft größer

als die Nachfreude.

Wer sich selbst

ins Abseits stellt,

schießt sich damit ein Eigentor.

Der Stille

darf man alles sagen,

sie redet nicht zurück.

Dummheiten gibt es

in allen Gewichtsklassen.

Es ist leichter,

etwas zu glauben,

als etwas zu wissen.

Auch ein kleiner Schritt
kann uns ein großes Stück
weiterbringen.

Eine Halbwahrheit
wird nicht wahrer,
auch wenn man sie zweimal
ausspricht.

Wo der Verstand nicht ausreicht,
springt die Dummheit gerne ein.

Nimmt die Gedankenlosigkeit zu,
steigt die Gesinnungslosigkeit.

Was verständlich ist,

kann man sich besser vorstellen.

Das Dabeisein

ist für immer mehr

wichtiger als das Dazugehören.

Wer sich für besser

und wichtiger hält als andere,

disqualifiziert sich selbst.

Ohne gegenseitiges

Verstehen-Wollen

bleibt uns jeglicher Einblick

in fremde Gedankenwelten

verwehrt.

Die Unzufriedenheit ist nie

weiter weg als einen Schritt.

✎

Die Zufriedenheit lebt

von der Dankbarkeit -

und umgekehrt.

✎

Was nicht

wie gerufen kommt,

kommt zu früh oder zu spät.

✎

Gut,

dass man das Glück

nicht festhalten kann –

wir würden es nicht mehr

loslassen.

Spaßvögel haben normalerweise

einen höchst sonderbaren Humor.

Das Zwecklose ist meistens auch

sinnlos.

Dass jeder Mensch

Vorurteile hat,

ist wahrscheinlich

auch eines davon.

Wenn jemand Blech redet,

sollte man seine Worte

nicht auf die Goldwaage legen.

Wer viele Gesichter hat,

kann sich viele Masken sparen.

�

Was zählt,

hat Gewicht.

✒

Sich immer und überall

aufzuregen,

ist kein Zeichen

von Intelligenz.

✒

Eine Beziehung,

die keine Zukunft hat,

ist Vergangenheit.

Toleranz, die Konflikte

unter den Teppich kehrt,

ist versteckte Gleichgültigkeit.

※

Gleichgültige Zeitgenossen

leben jenseits von Wut und Mut.

※

Wer sich verläuft,

steht sich wenigstens

nicht im Weg.

※

Es ist kein Fehler,

sich Zeit zu nehmen,

um aus seinen Fehlern

zu lernen.

Optimisten haben immer

ein paar positive Gedanken

auf Lager.

Wer seine Feindbilder liebt,

hat nichts Gutes im Sinn.

Wer Freundlichkeiten sät,

kann ganzes Jahr über

ernten.

Wer nichts zu sagen hat,

kommt leicht in Versuchung,

sich immer wieder

zu wiederholen.

Bei kreativen Menschen
gehört das Vorstellungsvermögen
zur Vermögensbildung.

In sich zu gehen
ist gar nicht so schwer,
aber wie kommt man da
wieder heraus?

Gegenseitige Zuneigung
verkürzt den Weg
zueinander.

Strenggenommen
ist auch ein schlechtes Gewissen
etwas Gutes.

Zum Aus-der-Haut-Fahren

braucht man keinen

Fahrschein oder Führerschein.

✍

Wer über seinen Schatten

springen kann,

kann ihm auch davonlaufen.

✍

Das Dazugehören

verlangt mehr

als ein Dabeisein.

✍

Wie viele Klimaanlagen

würde man brauchen,

um den Klimawandel

stoppen zu können?

Wer die Schadenfreude liebt,

hat wahrscheinlich

einen größeren Dachschaden.

⚰

Wer mehr zu sagen hat,

sollte auch mehr tun.

⚰

Wer den Braten riecht,

will mehr als nur daran riechen.

⚰

Verfeindete Staaten

pflegen ihre Feindbilder.

⚰

Tatenfaule Leute haben oft

ein fleißiges Mundwerk.

Der größte Verlust tritt ein,

wenn man sich selbst

verliert.

Neue Schuhe sind schöner,

alte bequemer.

Wer oder was

einmalig ist,

ist immer eine Ausnahme.

Menschen,

die sich leicht

um den Finger wickeln lassen,

sind einfach zu handhaben.

Hat man ein Brett vor dem Kopf,

kann es leicht sein,

dass es einem irgendwann

auf den Kopf fällt.

Wo alles in Frage gestellt wird,

fragt man lieber nicht.

Die Welt ist nicht groß genug,

um allen ausweichen zu können,

denen man nicht

begegnen möchte.

Der Standpunkt mancher Leute

ist immer klar:

Sie stehen auf der Leitung.

Im Glück vergeht die Zeit

wie im Flug,

im Unglück fühlt man sich

wie im falschen Zug.

Wer sein Herz verschenken will,

hat es bereits verloren.

Wer die Wahrheit

auf seiner Seite weiß,

sollte sie nicht links

liegen lassen.

Viele Egoisten

haben einen

Mehrwertigkeitskomplex.

Ehrliche Antworten

sollte man nicht

in Frage stellen.

Es gibt gefühlsmäßig mehr Wege

die uns trennen, als Wege,

die uns zusammenführen.

Ein negativer Gedanke

kann zehn positive Gedanken

beschädigen.

Wer den Weg zum Ziel

hinter sich gebracht hat,

hat den Rückweg

noch vor sich.

Festhalten

ist auch nicht schwieriger

als Loslassen.

Verdrängte Gefühle

stellen sich oft

eine Zeitlang tot.

Wo dicke Luft herrscht,

sind dünnhäutige Menschen

in großer Gefahr.

Willst du wissen,

woher der Wind weht,

frage die Wolken.

Weltverwandt

sind wir mit allen Menschen,

seelenverwandt nur mit wenigen.

Die Meinung,

dass alles in den Sternen steht,

ist ziemlich weit hergeholt.

Vorurteile sind nie

frei von Hintergedanken.

Gelegentlich muss man

viel mehr in Kauf nehmen,

als man sich eigentlich

leisten kann.

Wofür wir uns erwärmen können,

ist wichtiger als das,

was uns kaltlässt.

Die Flucht nach hinten

ist gelegentlich zielführender

als die nach vorne.

Wer immer

ein reines und gutes

Gewissen haben will,

ist nicht zu beneiden.

Denken, Reden und Tun

sind dreierlei.

Gerechtigkeit

ist immer gnadenlos.

Unsere Gedanken

stimmen nicht immer

mit unseren Worten überein.

Wer etwas hinter

sich bringen will,

hat meistens noch viel Arbeit

vor sich.

Unser Herz braucht

seine eigene Schutzzone.

Sicherheit ist immer auch
ein Stück Abhängigkeit.

Der Weg fragt nicht,
woher wir kommen –
das Ziel schon.

Je besser wir
einen Menschen kennen,
desto besser können wir
in seinem Gesicht lesen.

Wer sich an uns klammert,
kann uns keinen Halt geben.

Welches Wort ist leichter
zu halten:
ein Ja oder ein Nein?

Den größten Wert
hat nicht das Geld,
sondern die Zeit.

Auf dem hohen Ross
sind gute Einsichten sehr selten,
aber die Aussicht
immer bestens.

Solange es noch höchste Zeit ist,
ist es noch nicht zu spät.

Einen Umweg muss man

normalerweise

nicht lange suchen.

Wer sich wenig

merken kann,

vergisst weniger.

Wer sich im Zusammenleben

alles leichter machen will,

macht es vielen anderen

schwerer.

Ist uns jemand wichtig,

nehmen wir ihn auch ernst.

Freundlichkeit allein

macht noch nicht sympathisch.

Auch unter den Gescheiten

gibt es Dummköpfe.

Unser Vertrauen

in einen Menschen endet dort,

wo unser Misstrauen beginnt.

Es gibt mehr Menschen,

die verstanden werden wollen,

als Menschen,

die verstehen wollen.

Ein Glaube ohne Zweifel

ist ein Aberglaube.

❦

Unsere Träume haben viel

mit unseren Wünschen zu tun.

❦

Wer weiß,

was er sich nicht antun will,

tut sich damit etwas Gutes.

❦

Heutzutage ist manches

weit schlimmer,

als es Pessimisten

zu denken imstande sind.

Menschen,

denen nichts heilig ist,

ist alles egal.

***

Eine Krise

ist normalerweise

noch lange keine Katastrophe.

***

Die bessere Gesellschaft

bleibt gerne unter sich,

Dummköpfe auch.

***

Vorsicht:

Wichtiges zu überhören

kann ins Auge gehen.

Wer nach den Sternen greift,

verbrennt sich wenigstens

nicht an der Sonne.

&

Rechenfehler

merkt man schneller

als Denkfehler.

&

Bei der eigenen Meinung

mancher Leute

wünscht man sich,

sie hätten lieber gar keine.

&

Wer seine Lügen zugibt,

ist wenigstens ehrlich.

Wer die Falschen fragt,

wird nie richtig gute Antworten

bekommen.

Bei Menschen, die nicht mit sich

reden lassen, kann man

das Zuhören sein lassen.

Viel Kopf heißt noch nicht

viel Hirn.

Bei den Wählerstimmen gibt es

keinen Qualitätsunterschied –

bei den gewählten Politikern

einen sehr großen.

Manche Leute springen lieber

über den Schatten anderer

als über den eigenen.

In puncto Freundlichkeit

gibt es immer mehr

Energiesparer.

Mehr Verstand führt leider nicht

automatisch zu mehr Verständnis.

Grottenschlechte Lokale

erkennt man daran,

dass vor allem

die Gäste kochen.

Das Fortsein und Dortsein
ist kein vollwertiger Ersatz
fürs Dasein.

Wer sich mit der Leichtigkeit
schwertut, tut sich mit Schwerem
noch schwerer.

Wissen kann man erwerben,
Weisheit nicht.

Bei manchen Leuten kommt
man einfach nicht dahinter,
wo sie ihren Sprachschatz
verstecken.

Wer jedes Maß verloren hat,

verliert auch sein Gefühl

für Grenzen.

Die gut im Hochjubeln sind,

sind meistens auch gut

im Fallenlassen.

Immer mehr Hellseher

sehen schwarz.

Bevor man etwas

in Frage stellt,

sollte man ruhig noch einmal

nachfragen.

Wer auf der Zielgerade

einen Umweg einlegt,

schießt damit übers Ziel.

Gottvertrauen gibt die Kraft,

die man braucht,

um glauben zu können.

Wenn man sich gut versteht,

sind Meinungsverschiedenheiten

Nebensachen.

Heilige Kühe

sind im Grunde genommen

auch nichts anderes

als Rindviecher.

Wenn einem alles Mögliche

in den Mund gelegt wird,

hat man schnell die Schnauze voll.

Früher hat man sich

für die Geduld

mehr Zeit genommen.

Wer mit Worten spielen will,

sollte einen Wortschatz

zur Verfügung haben.

Manche Leute

haben es so eilig, dass man sie

praktisch nur von hinten

zu sehen bekommt.

Hoffnungen

verlangen oft

jede Menge Geduld.

Was heute noch

selbstverständlich ist,

kann morgen schon Luxus sein.

Jeder große Wunsch,

den wir uns erfüllen,

macht uns

ein großes Stück reicher

und ein kleines Stück ärmer.

Was wir haben,

gibt uns nicht mehr zu denken.

Vorsicht:

Der glückliche Zufall

könnte ein Warnschuss sein.

Auch wer alles im Griff hat,

braucht gelegentlich

eine helfende Hand.

Die Nähe

eines geliebten Menschen

ist das schönste

Naherholungsgebiet.

Was man lange

verschweigt,

vergisst man irgendwann.

Das Denken macht meistens

sogar dann Spaß,

wenn es um ernste Themen geht.

Geht man in die falsche Richtung,

ist bereits etwas falsch gelaufen.

Nicht alles,

was uns auf der Zunge liegt,

sollte uns über die Lippen

kommen.

Müssen wir etwas

in Kauf nehmen,

dürfen wir nicht mit einem

fairen Preis rechnen.

Geistige Überflieger

müssen oft notlanden.

·

Hinter jedem Nein

steckt ein Ja

zum Gegenteil.

·

Der Gebrauch

vieler Fremdwörter

hat den Vorzug, dass man

für intelligent gehalten wird.

·

Geheimnistuerei

ist für Neugierige

eine Provokation.

Im Kopf lässt sich viel mehr
verdrängen als im gesamten
übrigen Körper.

Sprachlosigkeit
kann ziemlich geschwätzig sein.

Hirnlose Menschen
verraten sich
durch ihre Gedanken.

Wir werden in der Zukunft
die gleichen Fehler machen
wie in der Vergangenheit.
Nur etwas später.

Die Zeit ist ein Geschenk,

für das sich viele

viel zu wenig Zeit nehmen.

Menschen mit Charakter

sind berechenbarer.

Das Umkehren ist oft

genauso schwer

wie das Loslassen.

Wer bereits

in Ungnade gefallen ist,

fällt wenigstens nicht mehr

aus allen Wolken.

Eine beliebte
Form der Angeberei
ist die Rechthaberei.

Einem Kopf
sieht man nicht an,
ob etwas im Hirn ist
oder nicht.

Vorausdenkende Menschen
sind meistens auch
rücksichtsvoll.

Menschen mit einem
schlechten Gedächtnis sind
weniger nachtragend.

Liebäugeln

ist Schönfärben fürs Auge.

⚮

Unter vier Augen

fällt es leichter,

ein Auge zuzudrücken.

⚮

Man spricht

von Hintergedanken,

dabei sind diese

bei vielen Leuten

ganz weit vorne zu finden.

⚮

Wenn alles läuft,

geht vieles

einfacher.

Vertrösten ist meistens

alles andere als ein Trost.

⁊

Frauen,

die gern und viel einkaufen,

schätzen nachtragende Männer.

⁊

Manche Leute

sind so ausgekocht,

dass man ihnen liebend gerne

die Suppe versalzen möchte.

⁊

Wer nie Zeit hat,

zählt sich zu den besonders

wichtigen Menschen.

Unsere Selbstverwirklichung
gelingt besser, wenn uns andere
dabei helfen.

✎

Wer kurz angebunden ist,
redet wenigstens
nicht lange herum.

✎

Bei Pessimisten rennt man
mit schlechten Nachrichten
offene Türen ein.

✎

Kaum hören manche Leute
das Gras wachsen,
starten sie den Rasenmäher.

Wer seinen Kopf für alles hinhält,

dem fehlt es an Hirn.

Denken macht

vielen Menschen Kopfweh,

weil sie es einfach

nicht gewohnt sind.

Wer vor anderen kriecht,

darf sich nicht wundern,

zur Schnecke gemacht zu werden.

Je besser wir unsere Grenzen

kennen, desto besser

können wir uns damit umgehen

und sie verteidigen.

Die auf dem hohen Ross sitzen

halten sich für hochgescheit.

Wer weiß,

was man wissen muss,

kann sich alles

andere denken.

Ein Nein

verlangt meistens

mehr Mut als ein Ja.

Die Nachhaltigkeit

ist bereits in vieler Munde –

in den Gehirnen

leider noch nicht.

Auf langen Wegen
hat man länger Zeit.

Wo es immer
drunter und drüber geht,
ist wenigstens für Abwechslung
gesorgt.

Wenn jeder seinen eigenen Weg
gehen will, gibt es bald
keine Wege mehr.

Fehler bleiben Fehler,
auch wenn man sie
richtig gut macht.

Parteien unterscheiden sich

vor allem durch ihre Vorurteile.

❦

Kleingeister erkennt

man meistens bereits daran,

dass sie ziemlich

großspurig daherkommen.

❦

Wer nicht sucht,

muss sich mit dem abfinden,

was er vorfindet.

❦

Stimmt die Richtung,

hat man schon einiges

richtig gemacht.

Mit Menschen, die immer
im Mittelpunkt stehen wollen,
kommt man nur schwer zurande.

✑

Vom Umgang mit Geld:
Macht man etwas für Geld
oder lieber gegen Geld?

✑

Manche Leute sitzen bequem
auf dem hohen Ross
und merken gar nicht,
dass es das falsche Pferd ist.

✑

Geschult heißt noch nicht
gebildet.

Für Unzufriedene

ist die Dankbarkeit

ein undankbares Thema.

Wer auf berechnende

Menschen zählt,

verrechnet sich

leicht und oft.

Die Zukunft

hat früher

länger gedauert.

Toleranz ohne Grenzen

ist maskierte Gleichgültigkeit.

Gute Fragen helfen mehr
als schlechte Antworten.

✂

Was man aus den Augen verliert,
ist damit noch nicht
aus der Welt geschafft.

✂

Man muss gar nicht
außer sich sein,
wenn man in sich gehen will.

✂

Sich auf das Wesentliche
und Wichtige
zu beschränken,
ist keine Beschränktheit.

Termine

sind Zeitvertreiber.

Gute Gewohnheiten

entlasten den Alltag.

Wer sich täuscht,

ist meistens auch

enttäuscht.

Wer vom Himmel

auf Erden träumt,

sollte aufpassen,

nicht ganz woanders

aufzuwachen.

Wer auf bessere Zeiten wartet,

sollte seine Erwartungen

dämpfen.

Sich lieben ist einfacher

als einander lieben.

Wer sich durch den Kakao

ziehen lässt,

lässt sich wahrscheinlich

auch hinters Licht führen

oder einen Bären aufbinden.

Fachleute

sind auch nur Menschen.

Herzlichkeit

macht Menschen

liebenswürdig.

Mit Sinnlosigkeiten

aufzuhören,

macht immer Sinn.

Wo die Wahrheit

nicht erwünscht ist,

fühlt sich die Lüge

wunschlos glücklich.

Wer sich selbst in der Hand hat,

hat meistens auch

sein Leben im Griff.

Worüber man nicht spricht,

kennt man vom Hörensagen.

Geistige Liliputaner

machen gern große Worte.

Am wenigsten Kritik

ernten jene,

die am wenigsten tun.

Lieber zwischen den Stühlen

sitzen

als auf verlorenem Posten

stehen.

Gerade die alles haben,
sind oft alles andere als glücklich.

Das Vergessen erspart uns
das Erinnern.

Der Wunsch nach weniger
lässt sich leichter erfüllen
als der Wunsch nach mehr.

Für den Umgang
mit komplizierten Menschen
wäre eine Gebrauchsanweisung
äußerst nützlich.

Alle unsere Gefühle

sind miteinander verwandt.

Wer einen guten Eindruck

macht,

kann sich das Eindruckschinden

sparen.

Es ist schwer,

negativ geladenen Menschen

etwas Gutes abzugewinnen.

Was wir verdrängen,

ist damit nicht verschwunden.

Wer eine ruhige Kugel schiebt,

schießt selten daneben.

Wir wissen nicht,

was uns blüht,

weil wir nicht wissen wollen,

was wir alles schon gesät haben.

Das kritische Denken

fängt dort an, wo Denkverbote

verboten sind.

Eine positive Einstellung

wirkt wie Rückenwind.

Schön langsam

kann auch

etwas Schönes sein.

Was uns nicht

aus dem Kopf geht,

kann sich auf den Magen

schlagen.

Vorbehalte

sind noch keine Vorurteile.

Manches bringt man

nicht übers Herz,

weil man nicht herzlos

erscheinen will.

Kopfschütteln und Kopfnicken

sind noch keine Beweise,

dass man denken kann.

✄

Klimakatastrophen

zeigen an,

wie spät es ist.

✄

Auch unter den Dummen

gibt es Gescheitere.

✄

Dass man nicht alles

haben kann,

heißt nicht, dass man alles

sein lassen soll.

Wer sein Leben

nicht in die Hand nimmt,

schaut irgendwann

durch die Finger.

Unser Leben besteht

nicht zufällig

aus Nicht-Zufällen und Zufällen.

Scheinheilige Freundlichkeit

ist getarnte Abneigung.

Wir können uns

nie ganz sicher sein,

weil wir eine ganze Menge

nur halb wissen.

Halbherzigkeiten

sind wie Halbwahrheiten,

nur noch schlimmer.

☙

Die Nächstenliebe

fängt nicht erst

beim nächsten Haus an,

sondern bereits im eigenen.

☙

Bescheidenheit
braucht Zurückhaltung,
um ehrlich zu wirken.

☙

Wer über sein Wohlbefinden

jammert,

kann es nicht genießen.

Wer seiner Zeit voraus ist,

lebt in einer anderen Welt.

Jeder Mensch ist anders,

darin sind wir uns alle gleich.

Ohne Optimisten

hätten die Pessimisten

leichtes Spiel.

Das Unglück

ist unglücklich darüber,

dass es so unbeliebt ist.

Lob ist ein toller

Mutverstärker.

Wer etwas anzetteln will,

sollte sich dabei nicht verzetteln.

Alte Schuhe

und alte Gewohnheiten

sind am bequemsten.

Zurückhaltung ist

ein guter Schutz

vor Selbstüberschätzung.

Man hat mehr von der Stille,

wenn man ganz leise ist.

Auch wer zwischen den Zeilen

lesen kann,

kann sich verlesen.

Offene Worte haben

es oft sehr schwer,

offene Ohren zu finden.

Nächstenliebe

beginnt

mit Freundlichkeit.

Sehnsucht gehört zur Liebe
wie der Zweifel zum Glauben.

✂

Wer gehört werden will,
sollte auch zuhören können.

✂

Langsamkeit kann man
länger genießen
als Schnelligkeit.

✂

Über die zunehmende
Gedankenlosigkeit
vieler Menschen
sollten sich alle Denkenden
Gedanken machen.

Zärtlichkeit ist

viel mehr als Weichheit.

Der Humor mancher Leute

wirkt wie eine Spaßbremse.

Beim Thema Zeitgeist

scheiden sich die Geister.

Früher glaubte man,

dass der Glaube

Berge versetzen kann.

Heute gräbt man lieber Tunnel,

weil es dort am Ende

Licht geben soll.

Wer nur nachdenken kann,

braucht Vordenker.

Auch eine einseitige Liebe

hat zwei Seiten.

Für Neunmalkluge

ist eine Auseinandersetzung

mit Siebengescheiten

wie eine Achterbahnfahrt.

Was gibt es Beglückenderes,

als das Vertrauen

geliebter Menschen

genießen zu dürfen?

Zweifel schützt

vor Glauben nicht.

Unser Weltbild

entsteht im Kopf.

Wer auffallen will,

sollte es so machen,

dass es nicht zu auffällig wirkt.

Gedanken irren sich

leichter und öfter

als Gefühle.

Das weniger Gute
ist noch nichts Schlechtes.

✂

Geh mit der Zeit,
aber sei kein Mitläufer!

✂

Es ist für viele üblich,
von zwei Übeln
das Größere zu wählen.

✂

Mit der Zeit
wird auch Kurzweiliges
langweilig.

Ein Haufen Gedanken
ist noch kein Beweis
für ein größeres Denkvermögen.

Das Potenzial nach oben
ist bei den meisten Menschen
viel kleiner als das nach unten.

Viel hinter sich zu haben,
heißt nicht, dass man
nur noch wenig vor sich hat.

Wer sich viel Zeit nehmen lässt,
hat weniger Zeit für alles,
wofür man sich Zeit
nehmen sollte.

Das Kleine im Großen
ist leichter und besser zu sehen
als das Große im Kleinen.

Wenn der Weg das Ziel wäre,
wären Navis überflüssig.

Wir wissen viel zu viel,
was wir eigentlich
gar nicht wissen wollen.

Vorfreude hat den Vorteil,
dass sie ohne größere
Enttäuschungen
auskommt.

Die Dummheit steht es sich
auf Wiederholungstäter.

Wer mit dem Zug der Zeit fährt,
braucht nicht
mit der Zeit zu gehen.

Auch wer auf dem Holzweg ist,
glaubt auf dem richtigen Weg
zu sein.

Neue Umwege sind oft
der erste Schritt
zu neuen Entdeckungen.

Bei gemischten Gefühlen
überwiegen die Bedenken.

In einer Überflussgesellschaft
ist die Maßlosigkeit
das Maß aller Dinge.

Herzlichkeit gehört
zur Natur der Liebenden.

Wer seine Lebensaufgabe
gefunden hat,
braucht nicht mehr nach
dem Sinn seines Lebens suchen.

Eine Ansicht

reicht normalerweise

noch nicht zu einer Einsicht.

Wer die Würde Schwächerer

mit Füßen tritt, hat

keine Wertschätzung verdient.

Der Zufall kann

ein brauchbarer Wegweiser sein,

ist aber bestimmt kein

verlässlicher Weggefährte.

Ein glücklicher Zufall

ist ein unverdienter Luxus.

Der Glaube,

dass das Gute überwiegt,

macht das Leben leichter.

☙

Mehr Menschen heißt

leider nicht

mehr Menschlichkeit.

☙

Manchmal muss man

Partei ergreifen,

wenn man zu

seinen Grundsätzen steht.

☙

Manche Zufälle

sind einfach nur Irrtümer.

Es gibt

auch ererbte Vorurteile.

☙

Das beste Andenken

an einen Menschen,

den man verloren hat, ist,

dass man ihn nicht vergisst.

☙

Zum Klügerwerden

brauchen wir gute

und schlechte Erfahrungen.

☙

Wir sollten unsere Probleme

nie so lange vor uns herschieben,

bis wir uns dadurch jede Aussicht

auf ihre Lösung verstellt haben.

Wer fertig ist,

sollte auch aufhören können.

Geht uns zu viel

unter die Haut,

fühlen wir uns in ihr

nicht mehr richtig wohl.

Was theoretisch gescheit ist,

kann praktisch dumm sein.

Wer den Weg

des geringsten Widerstandes geht,

sollte sich nicht wundern, wenn

er zwar immer auf dem Weg ist,

aber nie ans Ziel kommt.

ERNST FERSTL SPRUCH-KLASSIKER:

Zeit, die wir uns nehmen,

ist Zeit, die uns etwas gibt.

Gerade weil wir alle

in einem Boot sitzen, sollten wir

froh darüber sein, dass nicht alle

auf unserer Seite stehen.

Die mit Abstand

beste Nerven-Heil-Anstalt

ist die freie Natur.

Das Gute fängt im Kopf an,

das Beste im Herzen.

Anders Denkende sind oft

ganz anders als wir denken.

BUCHTIPP

Herztöne: Gedichte und Gedanken

Ernst Ferstl, BOD 2020, Hardcover, 124 Seiten, 18 Euro, ISBN: 9783749480296

NEUE SICHTWEISE

Mit den Augen

der Hoffnung

sehen wir weiter.

Mit den Augen

des Herzens

sehen wir tiefer.

Mit den Augen

der Liebe

sehen wir weiter

und tiefer.

Menschen,

die es verstehen,

uns zu verstehen,

sind Geschenke

des Himmels.

Eine harmonische

Beziehung braucht

eine Mischung

von Geborgenheit

und Freiheit.

AKTUELLE ERNST FERSTL BÜCHER:

2014: **"Ausgedrückte Eindrücke"**, BOD

2015: **"Punktgenau"**, BOD

2017: **"Wenn ein Wort sitzt,
        kann man es stehen lassen"**, Bellaprint V.

2018: "**Andenken**", BOD

2018: "**Denkwege**", BOD

2019: "**Denkworte**", BOD

2019: "**Übrigens**", BOD

2020: "**Standpunkte**", BOD

2020: "**Sozusagen**", BOD

2021: "**Randnotizen**", BOD

2021: "**Ansätze**", BOD

2022: **"Unter uns gesagt"**, BOD

ERNST FERSTL

HP: www.gedanken.at   E-Mail: ernstferstl@aon.at

Geb. 1955 in Neunkirchen (Niederösterreich),
  lebt mit seiner Familie in Zöbern/Bucklige Welt,
  Lehrer an der HS und NMS in Krumbach,
  in Pension.

Schreibt Aphorismen, Gedichte und Kurztexte.

Veröffentlichte bisher mehr als 30 Bücher
  in österreichischen und deutschen Verlagen.